Zhongguo Wenhua
Zhishi Duben

中国文化知识读本

清东陵

主编 金开诚

编著 闫静静

吉林出版集团有限责任公司

吉林文史出版社

图书在版编目（CIP）数据

清东陵 / 闫静静编著 . 一长春：吉林出版集团有
限责任公司：吉林文史出版社，2009.12（2022.1 重印）
（中国文化知识读本）
ISBN 978-7-5463-1961-2

Ⅰ . ①清… Ⅱ . ①闫… Ⅲ . ①陵墓 – 简介 – 中国 – 清
代 Ⅳ . ① K928.76

中国版本图书馆 CIP 数据核字（2009）第 237223 号

清东陵

QING DONG LING

主编／ 金开诚 编著／闫静静
责任编辑／曹恒 崔博华 责任校对／梁丹丹
装帧设计／曹恒 摄影／金诚 图片整理／董昕瑜
出版发行／吉林文史出版社 吉林出版集团有限责任公司
地址／长春市人民大街4646号 邮编/130021
电话/0431-86037503 传真/0431-86037589
印刷/三河市金兆印刷装订有限公司
版次／2009 年 12 月第 1 版 2022 年 1 月第 3 次印刷
开本／650mm×960mm 1/16
印张/8 字数/30千
书号／ISBN 978-7-5463-1961-2
定价／34.80元

关于《中国文化知识读本》

　　文化是一种社会现象，是人类物质文明和精神文明有机融合的产物；同时又是一种历史现象，是社会的历史沉积。当今世界，随着经济全球化进程的加快，人们也越来越重视本民族的文化。我们只有加强对本民族文化的继承和创新，才能更好地弘扬民族精神，增强民族凝聚力。历史经验告诉我们，任何一个民族要想屹立于世界民族之林，必须具有自尊、自信、自强的民族意识。文化是维系一个民族生存和发展的强大动力。一个民族的存在依赖文化，文化的解体就是一个民族的消亡。

　　随着我国综合国力的日益强大，广大民众对重塑民族自尊心和自豪感的愿望日益迫切。作为民族大家庭中的一员，将源远流长、博大精深的中国文化继承并传播给广大群众，特别是青年一代，是我们出版人义不容辞的责任。

　　《中国文化知识读本》是由吉林出版集团有限责任公司和吉林文史出版社组织国内知名专家学者编写的一套旨在传播中华五千年优秀传统文化，提高全民文化修养的大型知识读本。该书在深入挖掘和整理中华优秀传统文化成果的同时，结合社会发展，注入了时代精神。书中优美生动的文字、简明通俗的语言、图文并茂的形式，把中国文化中的物态文化、制度文化、行为文化、精神文化等知识要点全面展示给读者。点点滴滴的文化知识仿佛繁星，组成了灿烂辉煌的中国文化的天穹。

　　希望本书能为弘扬中华五千年优秀传统文化、增强各民族团结、构建社会主义和谐社会尽一份绵薄之力，也坚信我们的中华民族一定能够早日实现伟大复兴！

目录

一、概述

（一）选址

清朝自 1644 年入关到 1911 年灭亡，历时二百六十七年。它的灭亡，不仅是清朝的灭亡，也是中国两千余年封建社会的灭亡。在清朝入关后，先后有十人当了皇帝。除了末代皇帝溥仪外，其余九人均按帝制葬礼，归葬于东陵、西陵两处。而溥仪死后多年，其骨灰也葬于清西陵。清东、西两陵，成为封建社会最后的两处陵址。

清王朝的帝陵陵址选择在这两处是有原因的，特别是东陵的陵址，与政治风水极有关联。所谓政治风水，就是假借风水外衣为其政治需要而服务。这在封建社会，

远眺清东陵

清东陵

清东陵前牌坊

是统治者所惯用的，入关后的顺治帝当然也明白这个道理。然而野史与传说的杂乱，却给东陵陵址的选定，披上了一层令人恍惚的纱衣。

其中一说是顺治自己看中的：顺治帝"尝校猎遵化，至后为孝陵之地，停辔四顾，曰'此山王气葱郁非常，可为朕寿宫。'因自取佩玠掷之，谕侍臣曰：'落处定为穴，即可因以起工。'后有善青鸟者视之，相惊以为吉壤也"。

一说是明朝亡国之君崇祯帝选中的，由于李自成杀进北京，崇祯帝未及为自己寿宫动工，就吊死在景山。明朝亡国之君未能如

清西陵崇陵

愿享用的"万年吉地"，就被清王朝开国之主占用了。还有一说是钦天监杜如预、杨宏量等"勘测过孝陵"。产生多种说法的原因，是与满族入关统治汉族有关的。清统治者入关后，在攻克扬州时，多尔衮曾致书史可法劝降，信中声言："国家之抚定燕京，乃得之于闯贼，非取之于明朝也。"清入关夺的不是大明天下，而是帮助明灭李自成的。反映到墓葬问题上，就出现了明崇祯帝选的陵址，传给清世祖顺治的"佳话"，这对于赢得汉人之心，在政治上是需要的。

出于这个政治目的，顺治的孝陵乃至清朝以后的历代陵寝，大体都吸纳了明朝帝陵陵制。首先，关于墓葬的风水，完全遵循了关内汉族堪舆术的一套理论。如孝陵为顺治自己选陵址一说；如乾隆帝在《哀明陵十三韵》中所称："英雄具眼自非常，岂待王廖陈其艺。"（王，指山东王贤；廖，指江西廖均卿，均为当时著名风水大师）清帝选陵址，也是件宫内大事，乾隆帝自认为也学会了堪舆术，不需要听任汉族堪舆家的点拨了。

其次，清东陵及西陵的地面建筑，其大体格局，也同明陵相仿。以孝陵为例：石碑坊、神道、大红门、圣德神功碑、石像生、石桥、碑亭、隆恩门、隆恩殿、方城明楼及宝城宝顶等均备。只有圣德神功碑，自道光帝的慕陵开始，以后的四帝陵均没设置。

清东陵孝陵石牌坊

清东陵风光

第三，清入关前遵行的是火化。据《东华录》记载，乾隆帝在追述清朝墓葬制式时曾说："本朝肇迹关东，以师兵为营卫，迁涉无常，遇父母之丧，弃之不忍，携之不能，故用火化，以便随身捧持，聊以随其不忍相离之愿，非得已也。"土葬是满族入关后才从顺治帝开始的。顺治帝虽然葬在孝陵，据载也是火化后才土葬的。他6岁登基，在位18年，24岁突然死去，成为"清初三大疑案"之一。据《大清会典事例》所载，顺治十七年（1660年），深得顺治帝宠爱的董鄂妃红颜薄命死去，福临郁郁不欢，不到半年死于养心殿。后在

清东陵风光

北京景山寿皇殿按佛教礼仪进行了火化。由浙江玉林通琇的弟子茆溪行森禅师为其举火，火化后葬入孝陵。因此，顺治帝的孝陵葬式，是清朝墓葬制式转向汉族陵墓制式的一个过渡。以后的清帝葬式几乎全遵行汉族自古以来的"冢以藏形，庙以安神"这一墓葬制式。

第四，对龙文化的接受。司马迁在《史记·天官书》中称："东宫苍龙""南宫朱鸟""西宫咸池""北宫玄武"，四神拱卫天帝的"中宫"。后来有了发展，认为四神在天上是保卫天帝，在人间是保卫帝王和他的臣民，在墓中是保卫墓主和他的灵魂。四神在墓葬中的出现，最早在西汉晚期，而且很快在墓葬中盛行起来，成为中国古代汉族的丧葬习俗和陵寝制度。清帝陵中，不仅在地面建筑中随处可见龙的形象，就是在地宫里也极力效法。道光帝的慕陵地宫便是如此，还引出了个故事。

按乾隆帝定的规制，道光帝的陵寝建在东陵，历时七年，于1827年建成，并葬入了孝穆皇后。1828年某天夜里，道光皇帝梦见孝穆皇后在一片汪洋中向他求救，醒来便觉不快，担心自己的地宫出了问题，便去东陵查看，果然发现地宫浸水。道光帝大怒，下旨拆除陵墓，改在清西陵龙泉峪建造新的陵寝。道光帝认为地宫进水是"群龙钻穴，龙口吐水"所致，在建造新陵时，将金丝楠木隆恩殿上的龙头做了修改：整个天花板上，不用各帝通用的彩绘，而是

晨雾中的清东陵景色

清东陵

清东陵风光

用香楠木以高浮雕的手法，刻成龙头向下俯视，张口鼓腮的形状。除此，道光帝传旨在隆恩殿的雀替、隔扇、门窗等各个部位，都用金丝楠木雕以各式的龙，龙头朝上，形成"万龙聚会，龙口喷香"的景观，以便让龙在天上争相吐香，不往地宫里吐水。出于这个原因，在以后的帝陵中龙的装饰才减少了。

第五，清初由于顺治、康熙和雍正帝对汉地佛教的推崇，不仅表现在执政时期，在陵墓葬式上也留下了踪迹。例如乾隆帝的裕陵地宫，在其石门、各堂的两壁、券顶都有精美无比的佛像浮雕、图案和经文。

每年清东陵都要举办大型的祭祀活动

八扇石门雕有八大菩萨，罩门两侧雕有四大天王。前殿又称明堂，其券顶刻有五方佛。中殿又称穿堂，其东西两壁刻有"五欲供"。五欲供为明镜、琵琶、涤香、水果、天衣五件物品，寓意只要戒除五欲，即可进入西方乐土。中殿券顶处还刻有二十四尊佛像。后殿又叫金堂，券顶上刻着三个佛像，东西两壁各雕"八宝"和一尊佛像。此外，地宫石棺床四壁还雕着整齐细密的经文，用梵（古印度文）、番（藏文）两种文字阴刻，达三万余字，简直就是一座精美绝伦的佛堂。还有雍正帝的泰陵，在隆恩门西侧有座配殿，为喇嘛念经场所。后来由于乾隆帝尊崇汉地历代帝王所尊崇的儒学，将儒学视为正统，佛、道等视为异端，特别是道光帝以后，汉地佛教文化在清帝陵寝中才逐渐消失。

第六，清代每年清明的大祭，也完全仿照明代，皇帝或王爷要在宝顶上举行上土礼。在祭礼前两刻钟，皇帝在明楼方城下从王公大臣手中接过"竹筐"（盛贡物的小竹筐），亲自

奉筐将土送至坟顶，跪下毕恭毕敬地添土于坟上。为了尊敬死者，每次所用之土，均为石门工部专程预备的"客土"——精心选取的未经牛羊踩过的净土。在举行敷土礼时，皇帝与随行官员们的脚上，都得套上事先准备好的黄缎袜套，如果一时疏忽，忘记穿袜套就踏上宝顶，则被看做犯了大不孝敬之罪。

总之，清代的帝陵规制，处处都表现了入关初期所称的思想，即清朝不是劫夺明朝，而是"帮助"明朝剿灭李自成的，是明朝的继续与发展。显然这是出于政治上的目的。关于墓葬方面，其实，无论是汉族墓葬文化，还是满族墓葬文化，都统

清东陵牌坊前石雕

清东陵

清西陵石桥

属于中华民族墓葬文化的一部分，只是历史
在 15 世纪中叶，让这两个民族的墓葬文化
交融而已，都是中华民族墓葬文化史上重要
的一页。

（二）清西陵简介

西陵在河北省易县城西 15 公里处的永
宁山下，也是一座规模宏大、富丽堂皇的古
代陵墓建筑群。整个陵区共有清帝陵 4 座，
即泰陵（雍正）、昌陵（嘉庆）、慕陵（道
光）、崇陵（光绪），后陵 3 座，王公、公

主、妃子园陵 7 座。这 14 座陵墓群，共葬了 76 人。

清帝陵为什么会出现东西两个陵区呢？这要从雍正帝的泰陵说起了。雍正帝是康熙帝的四儿子，初封雍亲王。康熙末年，得隆科多、年羹尧之助，阴谋夺取王位。据说，康熙帝临终前，曾手谕遗诏要"传位十四子"。雍正见父亲不传位给他，很是气恼，遂串通宫内外，将遗诏偷改成"传位于四子"。之后又毒死 69 岁的父亲康熙帝，杀死了知情者和十四子一门老少，做了皇帝。他害怕祖宗在阴曹地府不会宽恕他，所以另择陵地于河北易县西 15 公

清西陵建筑

清东陵

里的永宁山。据载，雍正帝即位后，开始也选择在东陵的九凤朝阳山上。但他看了陵区草图后，很不满意，认为"规模虽大而形局未全，穴中之土，又带泥沙，实不可用"。选陵大臣心领神会，最后选在永宁山。雍正帝看后大喜，这里是"乾坤聚秀之区，为阴阳和会之所，龙穴沙石，无美不收，形势理气，诸古咸备"，并认为"山脉水法，条理详明，洵为上吉之壤"，定为陵址。雍正八年（1730 年）开始兴建，历时七年结束，是西陵规模最大的一座陵园建筑。相传在雍正十三年（1735）时，雍正帝在圆明园养病，民间女侠吕四娘为报父仇，潜入园内刺死雍正帝，又将其头割去。一时宫内大乱，又不敢声张，只得给雍正铸了个金头安上入殓。直到乾隆二年（1737 年）三月才与皇后、贵

清西陵石牌坊

清西陵华表

清东陵

妃合葬于泰陵。后来，乾隆帝为不使两处陵寝冷落，特谕旨明示后代："嗣后，吉地各依昭穆次序，在东西陵界分建。"从此，清帝陵寝便分葬于遵化和易县，以其地理位置易县陵区称西陵。

二、帝王陵寝

（一）昌瑞山第一陵——孝陵

所葬人物：顺治

清世祖顺治皇帝，即新觉罗·福临，是皇太极的第九子，也是清王朝入关后的第一代皇帝。6岁登基，14岁亲政，24岁去世，打理朝政、主持军国大事十年，在大清一代的十余位皇帝中政绩颇多，有着不少"第一"，算得上是一位有特色的人物。

他是第一位在紫禁城称帝的满人，虽然他的祖父、父亲都有入主中原的愿望，但是直到他这一代，才真正实现。他也是清朝第一个以幼主身份登基的皇帝，年仅6岁，以至于摄政王多尔衮把持朝政多年。

孝陵是顺治皇帝的陵墓

清东陵

他更是第一位把汉家女子迎进宫中的大清天子，他与董鄂妃之间的儿女情长，更是被后人津津乐道，成了不爱江山爱美人的典范。他也是清朝历史上唯一公开皈依禅门的皇帝。他的结局扑朔迷离，现今流传着各种版本，有待商榷。比较中肯的一种说法就是在顺治十八年因病而死。具体原因是爱妃董鄂氏及其爱子相继病亡，福临受到了巨大的精神打击，身体每况愈下，后又染上了天花，顺治十八年（1661年）正月初七日子刻崩于紫禁城内的养心殿，年仅24岁。中国历史第一档案馆的档案支持这种说法。据历史文献记载，福临确实想要出家，但受到皇宫内保守势力的极度反对，最终未能成行，而不久则死于天花。死后遗体被火化，故陵内埋葬的是他的骨灰。因为传说孝陵内无尸首且薄葬，故在民国时期未遭大规模盗掘（但也有多处盗洞），是清东陵内唯一地宫保存完好的陵寝。

清世祖顺治帝画像

1.石牌坊

进入清东陵，首先映入眼帘的便是一座矗立在大红门前的石牌坊，它是陵园的入口，也是清东陵的第一座建筑，面宽

31.35 米，高 12.48 米，是用青白大理石以木结构穿插搭建成的一个五门六柱十一楼的宏大建筑，结构科学而巧妙。折柱、花板上雕刻着旋子彩画。夹杆石的顶部圆雕卧麒麟和卧狮，并雕有云龙戏珠、蔓草奇兽、双狮滚球图案，神采奕奕。这座石牌坊在陵区外广阔的田野上，耸然屹立，巍巍壮观，充分体现了皇家陵园的威严和霸气，堪为不可多得的艺术杰作。历经三百余年风吹雨打、地震及雷电的冲击，丝毫没有受到败损，在中国实属不多。石牌坊身后即为陵园的门户——孝陵大红门，东西两边是 40 余里的风水墙向后延伸与长城相接，将

孝陵石牌坊

清东陵

清东陵"神路"

整个陵园封闭。

　　大红门是孝陵也是整个清东陵的门户，红墙迤逦，肃穆典雅。有三个门洞，单檐庑殿顶，大门两侧还各有角门，两侧连接着陵区的风水墙。门外东西两侧各立一块用汉、满、蒙三种文字刻有"官员人等至此下马"字样的下马牌。此门 1979 年仿照清西陵大红门复原，耗资十六万元。

　　2. 孝陵神路

　　所谓"神路"，又称神道，也称司马道，是指供皇帝灵魂出行的通道，也是陵区的主干道。简而言之，神道就是神灵走的道路，所以被称为神路，活人是不能走的，帝、后、妃的棺椁要在神路上经过。神道还有另外一个功能，就是死者生前用过的一些物品和穿过的衣物，包括活人为祭祀死人烧掉的一些纸鹤、五色纸等等都要从神道抬过去。孝陵神路跟风水理论密切相关，清朝没有自己成型的文化，他们完全沿袭汉文化。到康熙以后，把汉文化吸收得淋漓尽致，在神路上完全依照明代陵寝的直主吉、弯主凶，即使一些太直的神道也要经过一些桥座，把直的神道设计成弯曲的，一空桥就是这样的设置，这样才能表达出吉祥的意义。不仅在神道，在陵区的马沟槽、

孝陵神道

清东陵

孝陵神道是清代陵寝中最长的神道

两边的河流都不采用这种直的设置，因为两边湍急的流水迸发出的声音会冲撞陵寝里的神灵，时人很忌讳这些。所以，河流和神道都是弯弯曲曲的。神路不光有着严谨的风水讲究，在建设材料、设置等方面都有着不同寻常的说法和讲究。就连填充神路的青砖都是经过十分复杂的过程才烧制而成的，成本相当高。

孝陵神路是清代陵寝中最长、最壮观、最富艺术感染力的神路。它南起金星山的石牌坊，北达昌瑞山的宝顶，全长5600多米，宽约12公尺，中心石宽

清东陵神功圣德碑楼

90 公分，两侧牙石各宽 40 公分。其间青砖三层墁地，而且孝陵神路区内有着最为丰富的建筑配置，气势恢弘，序列层次丰富，极为壮观。它将孝陵几十座形制各异、大小不一的建筑连接起来，代表皇家的血脉一脉相承，形成一条气势宏伟、层次丰富、极为壮观的陵区中轴线。而且因势随形，多有曲折，但曲不离直，明确显现了南北山向的一贯，配合了山川形势，强化了主宾朝揖的天然秩序，产生了极富感染力的空间艺术效果。

3. 孝陵神功圣德碑楼

在孝陵大红门后有一座高 30 米的重檐式建筑，叫神功圣德碑楼，也叫大碑楼。黄

俯瞰孝陵神功圣德碑楼

琉璃瓦重檐歇山顶，四面各有一券门，基座为正方形，边长 28.76 米。亭内石碑高 6.7 米，宽 2.18 米，正面碑额上刻篆字"大清孝陵神功圣德碑"，下面刻有满汉双文的碑文，乃康熙帝亲自撰写。亭内高 6.64 米的两通石碑分别竖立在两只巨大的石雕龙趺之上，东碑刻满文，西碑刻汉字，记载着顺治皇帝一生的业绩。至今保存完整无损，字迹清晰。碑亭四角有四根汉白玉石柱，名为华表，也称擎天柱。每柱承以须弥座，四周有石围栏，柱身雕蟠龙，四周围以祥云，柱上为承露盘，横插云板一块，柱顶雕一蹲龙，栩栩如生，寓动于静。据考证八角须弥底座和栏杆上亦雕满了精美的行龙、升龙和正龙，一组华表上所雕的龙竟达九十八条之多。华表的顶端各坐着一个像龙一样的小动物，名字叫"吼"，两个向北望，两个向南望。寓意：盼君出，盼君归。意思是要提醒皇帝既要走出深宫，去体察民情，又不要贪恋清山秀水而不思国事。

4. 孝陵石像生

石像生是陵墓前神道两侧设置的石人石兽的总称。石像生的作用最初是除邪恶、驱鬼怪，后来又有表明死者身份地位、庄严气氛、驱邪、镇墓的作用。墓前设石像生普遍出现于东汉。石像生中的石人也叫"翁仲"。"翁仲"是一个人的名字，姓阮，他是秦始皇手下的一名大将，身高丈二，智勇双全，屡建战功，把守临洮，大败匈奴。阮翁仲死后，秦始皇深表哀悼，为了纪念他，命人铸造了一尊阮翁仲的铜像立于咸阳宫司马门外。当匈奴再次进攻时，看到阮翁仲的铜像，以为阮翁仲还在世，望风而逃。后来，人们把陵前安置的石人也称作"翁仲"。

清东陵石像生牌楼

帝王陵寝

孝陵的石像生雕刻继承了明十三陵的古风，形态壮硕雍容，线条粗犷简洁。孝陵石像生共十八对，从北往南依次为：文臣三对、武士三对，马、麒麟、象、骆驼、狻猊、狮各一对立像、一对卧像，排列在神道两旁，队列长达八百多米，就像两列长长的仪仗队，威武雄壮，气势非凡，使皇陵显得更加圣洁、庄严、肃穆。每一件雕刻品都有着它的寓意：狮子凶猛，吼声震天，是皇权强大的象征；大象驯服，意喻皇帝广有"顺民"，可任意统治；骏马善跑，表示皇帝统治疆域的广阔，可任意驰骋；文臣、武将是朝中文武百官的代表，象征皇帝拥有忠臣良将，善理国事，以此来显示皇朝的巩固……

　　孝陵石像生是清代早期石雕作品，线条明快，刀法遒劲有力，使立者威猛凶悍，卧者安然恬静，给人一种强烈的艺术反差。而且带有浓厚的满族特

清东陵神道两侧的石像生

清东陵

色，如文臣：背束发辫，项挂朝珠，紧衣箭袖，腰悬佩刀，表现了满族的发式、衣饰特点和尚武精神。

5. 龙凤门

石像生北端就是龙凤门，又叫棂星门，只有皇帝陵神道上才设有棂星门。棂星门在关内清皇陵中有两种形式：龙凤门或冲天牌楼门。孝陵前龙凤门由六柱三门四壁组成，由石、砖、琉璃材质建成，并未使用木材。每座门由两根四棱青白石方柱组成，上架额枋，中门额枋上雕火焰宝珠，石柱上饰云板，顶部有蹲龙。彩色琉璃瓦盖，龙凤呈祥花纹装饰，富丽多彩，

清西陵龙凤门浮雕

门之间用短垣相接，建在须弥座上，门间共有四座琉璃影壁，南面是盘龙琉璃壁，北面为荷花鸳鸯琉璃壁。据传它是按传说中的南天门修建的，皇帝之灵经过此门就可以进入天堂。

神道上各种建筑，使人们在空旷的视野中增加层次感。孝陵神道长约 11 华里，本来就是在开阔的旷野中，但采取了直中求曲的做法，出现了很大的拐弯处，这也是刻意追求的。而龙凤门位于神道中间，显示了神道的悠远和风光的优美。

6. 孝陵七孔拱桥

拱形桥在石桥中是等级最高的一种。七

孔拱桥通常只设在主陵，在清东陵只孝陵有一座。桥长111.6米，宽9.1米，桥每侧面有柱62根，栏板61块，抱鼓石2块。最为奇特的是，当敲击栏板时，桥就会发出叮叮咚咚的声音，十分悦耳。击打的方位不同，发出的声音亦不相同，会听到5种如金玉般的响声音阶，有的低沉浑厚，如钟鸣；有的清脆悠扬，仿佛轻敲木鱼之声，悦耳动听。曾有人做过实验，从桥北端第3块栏板敲起，发出的声音恰似我国古代音阶的"宫、商、角、徵、羽"，故人们称这座桥为五音桥。桥的一侧栏板能发出5个音阶，已经令人惊叹，相对的另一侧也能发出同样的音阶，不得不让人叫绝。有关专家对五音桥进行了研究，初步认为其奥秘可能在石料的成分上。据化验，石

隆恩殿精美装饰

料中含 50% 的铁质方解石，当地人称之为"响音石"。孝陵因七拱桥而远近闻名。

7. 隆恩殿

经过七孔拱桥之后，依照由北向南的顺序依次经过小碑亭（建筑模式与大碑亭相同）、东西朝房（制作供品及茶水、点心之用），即可到达隆恩殿。巍峨庄严的隆恩殿，是举行祭祀活动的主要场所，也是陵园的主体建筑。为了推崇皇权，清朝统治者不惜工本，极力装修隆恩殿，使其金龙环绕，富丽堂皇。

我国古代相信死后有来生，事死如事生，所以陵墓的建制也如同生前办公场所一样，采用"前朝后寝"的模式。孝陵陵院的建制也是这样，分前后两个部分，前面以隆恩殿为主要祭祀场所，院门叫隆恩门，也叫宫门。面阔五间，进深两间，黄琉璃瓦单檐歇山顶，开大门三间，中门宽 2.68 米，旁门宽 2.31 米。中门上悬挂一方匾额，竖写隆恩门，满文居中，蒙左汉右，突显满族统治权势。这三个门分别称神门、君门、臣门，十分考究。其中，中门为神门，为帝后棺材、神牌等通过的门，此外如果权势、辈分大的人来祭祀，

帝王陵寝

隆恩殿外景

也走神门；东门在左为大，是君门，是皇帝出入的门；西门在右，是王公大臣、随从出入之门。

正殿隆恩殿四周围绕汉白玉栏杆，共有栏板76块，前有月台，宽约3米，四周用大理石石柱围栏，柱上雕有龙凤呈祥图案。月台上还陈设了铜制的鼎炉、鹿、鹤。鹿与六谐音，鹤与合谐音，东、西、南、北、天、地称六合，暗寓"六合同春"。月台前出三踏，中间为九级台阶，两旁为八级，月台东西两边各有一踏，也为八级台阶。殿内金柱四根，北侧有暖阁三间，内供神龛、神牌。孝陵的建筑材料是拆了西苑内嘉靖年间的道教建筑所得。

8.方城明楼

大殿后面穿过琉璃花门就是方城明楼，也就是民间常说的"坟"，琉璃花门后面有二柱门，是由两根正方体青白石柱组成，上有横木额枋，形式与龙凤门相同。它的北边便是五供祭台，采用汉白玉雕，象征着烟火不断，江山不改。祭台长 6 米，高、宽各 1.5 米，四周雕刻莲花、莲瓣及各种吉祥石五图案。祭台上摆放着一个香炉、两个烛台、两个花瓶，上有云、龙、兽面纹。

清陵方城建在高大的基座上，城上建有明楼，从石五供走上明楼，有很大坡度，寓意后人来祭祀要低首弯腰，以示敬意。明楼的形制与神功圣德碑楼相似，城南、东、西

东陵精美雕刻

方城明楼

清东陵

方城明楼石雕

三面有垛口，城下中部有一门洞，明楼重檐之间有"孝陵"字样的匾额，从左至右分别是蒙文、满文、汉文。明楼内有石碑一块，也是用满、蒙、汉三种文字，刻有"世祖章皇帝之陵"字样，旁边刻有"康熙尊亲之宝"印章。方城与北部的宝城之间，用月牙城（也叫哑巴院）相接，月牙城北壁背靠宝城南壁，有面南琉璃影壁一座，正对方城北侧门洞，神道自此到了尽头，琉璃照壁下线正中处即地宫入口。该影壁由城砖砌成，上抹红泥，镶嵌中心花和插角花，顶部正脊一道，垂脊两条，安吻兽，

方城明楼外景

上铺黄琉璃瓦，壁下承以须弥座。月牙城东西各有一条转向登道，通往方城明楼。

月牙城之所以被称为"哑巴院"，传说主要是为了保守秘密，因为历代皇帝下葬时，都带有很多的物品随葬，奇珍异宝、古玩字画等更是数不胜数，为了防止陵墓被后人偷盗，入口的设置就极为关键。据传，在此处施工的工匠全都是哑巴，他们白天休息，晚上才干活，而且进出都有人带领，蒙着双眼，并不知道自己身处何地。因为是哑巴所修建，所以称为"哑巴院"。

孝陵地宫内还葬有孝康章皇后佟佳氏

（康熙帝生母，康熙二年去世，年仅 22 岁）、孝献端敬皇后董鄂氏（顺治十七年去世，年仅 22 岁，追封为皇后）二人。

孝陵没有被盗之谜：

孝陵是清东陵唯一没有被盗掘的陵寝，在清朝灭亡到新中国成立前的时间里，清东陵遭到了多次盗掘洗劫，帝、后、妃陵寝均遭劫难，就是那些陪葬墓也无一幸免。然而，令人意想不到的是，清东陵的主陵——规模最大的孝陵在兵荒马乱、盗陵成风的岁月里，竟奇迹般地幸免盗掘，地宫至今安然无恙。这究竟是什么原因呢？

一是野史和东陵地区盛传孝陵是空的，

雾中清东陵风光

帝王陵寝

地宫里没有葬人。因为传说顺治皇帝自从董鄂妃及其所生的儿子荣亲王死后，悲痛欲绝，万念俱灰，于是放弃皇位，自愿遁入空门，去五台山当和尚了。而且也有多个版本传说与之相呼应，即康熙即位以后，曾多次去五台山看望他。这样一来，世人都以为地宫是空的，没有葬人，所以里面也就没有价值连城的稀世珍宝陪葬，盗匪也就不去盗掘了。

二是清初时所实行的是火葬制度，顺治和他的两个皇后均死后火化，地宫里只有三个骨灰坛子。因为大多的随葬奇珍异宝是放在棺内的，既然没有棺椁，自然也

清东陵地宫墓室内的棺椁

清东陵

就无法存放珍宝，这也是孝陵地宫未被盗的原因之一。

三是顺治皇帝平时提倡节俭，反对厚葬。而且在孝陵的神功圣德碑上刻着这样一句话："皇考遗命，山陵不崇饰，不藏金玉宝器。"由此可见，地宫之内并无陪葬的奇珍异宝，甚是简单，所以大多的盗墓之徒也就对孝陵失去了兴趣。

（二）景陵

所葬人物：康熙

"景"就是"大"、"光明"的意思，以此宣扬康熙的功德。景陵是清朝康熙皇帝爱新觉罗·玄烨的陵寝，康熙可谓是一个家喻

景陵建筑

清东陵五孔桥

户晓、妇孺皆知的人物，他是一位集中国封建帝王之大成者。在位期间他治政精勤，撤除吴三桂等三藩势力（1673年），统一台湾（1684年），平定准噶尔汗噶尔丹叛乱（1688—1697年），并抵抗了当时沙俄对我国东北地区的侵略，签定了中俄《尼布楚条约》，维持了东北边境一百五十多年的边界和平。他在位六十一年，是中国在位时间最长的一位皇帝，他开创了中国封建社会最后一个盛世——康乾盛世。

景陵是在清东陵所修建的第二座皇帝陵，为彰显对先皇的孝道，在建筑规模上稍逊于孝陵，在参考孝陵的建筑风格及模式上又推陈出新，局部有新的改革和创新。主要表现在：

1. 圣德神功碑亭立双碑

景陵位于孝陵东 2.5 公里处，它的神道在七孔桥北与孝陵神道相接，东行 300 米后北折，第一个建筑即圣德神功碑亭，本着"祖有功而宗有德"的精神，改称"圣德神功碑"。康熙的圣德神功碑亭建得最高最大，并且立了两块石碑，一块刻汉文，一块刻满文。据史记载，即位的雍正皇帝曾指示："我圣祖仁皇帝在位六十余年，功德隆盛，文章字数甚多，一碑不能尽载，宜建立二碑。"于是开创了皇陵圣德神功碑亭立二碑的先河。其碑文长达 4300 多字，洋洋洒洒，记载了康

清圣祖康熙像

熙一生的丰功伟绩。后来，雍正的泰陵、乾隆的裕陵，还有嘉庆的昌陵，也都仿照康熙的景陵，在他们的碑亭里竖了两通石碑。

碑楼基座为四方形，雄伟壮观，可惜毁于 1952 年的雷火。保存最好的是四角竖着的华表，也称擎天柱，由青白石料雕刻而成，那望天吼、蛟龙活灵活现、姿态各异，栩栩如生。

2. 石像生缩减为五对

神路上自南向北立有狮、象、马、武将、文臣，雕刻得出神入化、细致入微，

清东陵石狮

清东陵

也平添了几分威武和庄严。狮子起舞，表示着欢庆，大象代表着温顺，大象驮着宝瓶，宝瓶上刻西番莲花，意思是天下太平，文武大臣忠心相聚，保卫着大清江山千秋万代。而事实上，景陵神道两侧的这五对石像生，是乾隆皇帝出于礼制和孝道的考虑为景陵补建的。补建这些石像生，当时由谁来承办的，花了多少银两，迄今还不得而知。

3. 改龙凤门为牌楼门

石像生往北是景陵首创的冲天牌楼门（相当于孝陵主神道上的龙凤门），为五间六柱，中间两柱最高，其余递降，柱为石材。

涪东睦一暑

下部南北两侧各置巨大抱鼓石，以增加牌楼的稳固，上设蹲龙，头部分朝东西，好像在向苍天嗥叫，或是把每一位前来观陵的人向皇上通报，气势不凡。门、梁、斗拱、橼为木材，门涂以红漆，梁饰以旋子彩画，顶覆以黄琉璃瓦。牌楼门占地不大，却气势磅礴，壮观精美。

牌楼门所起的作用与龙凤门相同，只是在规制上要相对低一点，表示了康熙对他父亲的尊崇。尽管如此，景陵牌楼门的建筑非常精巧细致，彩画鲜明，别具一格。所以，景陵的这一创举，也被清代后来的皇帝所效仿，成为形制的主流。

此外，在丧葬方面，景陵首开清朝皇

清东陕外城楼

清东陵内景

帝王陵寝

051

帝陵中先葬皇后的先河。康熙二十年三月初八日，清王朝为孝诚皇后、孝昭皇后举行了奉安大典，而真正的陵墓主人康熙则是在几十年后才长眠在这里的。这一点在康熙以前的几位帝王中是没有的。第二，也是从这两位皇后开始，清朝皇室中彻底摒弃了世代相沿火化入葬的习俗，改为真正意义上的土葬。满族在早期是一个游牧民族，以渔猎为生，常年逐水草而居，迁徙不定。这种生活习惯使满族先人形成了人死火化的风俗，将骨灰随身携带，以方便祭奠。清建立之后，努尔哈赤、皇太极、顺治帝等都是火化后入葬的，沿袭未变。直到康熙的孝诚、孝昭两位皇后死后，才

清东陵定东陵

清东陵

改变了这个传统。景陵的建筑风格及丧葬形式大多为后世所效仿，起到了承上启下的作用。

（三）裕陵

所葬人物：乾隆

乾隆是清朝历史上为我们所熟悉的皇帝之一，他生前的好多事迹至今仍被人们津津乐道。乾隆，清高宗，爱新觉罗·弘历，属兔，生于康熙五十年八月十三，卒于嘉庆四年正月初三，终年89岁。乾隆于雍正十三年即位，为清代入关第四帝，在位共六十年，是中国封建史上在位时间第二长的皇帝，仅次于祖父康熙帝，而且是寿命最长的皇帝。

乾隆一生建树甚多，25岁登基，在父、祖文治武功的基础上，奋发有为，勤于政事。政治上，继续平定国内叛乱，统一新疆，整治西藏，捍卫国家主权和领土完整，加强民族团结并大力整顿吏治，严惩贪官污吏。在经济上，减免赋税，兴修水利，如修整浙江海塘，屯田开荒。在文化上，更是提倡汉学，编纂大量图书，最为著名的便是《四库全书》。在他统治期下，清王朝成为一个疆域辽阔、国力强盛、经济发展、文化繁荣的统一的多民族国家，把"康乾盛世"推向了顶峰。

清高宗乾隆像

清东陵裕陵

但同时，乾隆也实行文化专制，大兴文字狱，几乎遍及全国，大量珍贵的文化典籍都付之一炬；而且他重用大奸臣和珅，致使国库空虚，百姓日渐贫困；再有，乾隆一生之中多次南下游玩观赏，期间奢侈挥霍，耗尽民力财力；乾隆倾巨资在北京西郊修建繁华盖世的皇家园林——圆明园。东造琳宫，西增复殿，南筑崇台，北构杰阁，说不尽的巍峨华丽。此外，他更是精心为自己修建了明堂开阔、建筑恢弘、工精料美、气势非凡的陵寝——裕陵。这些无疑都造成了清朝的日渐衰弱，乾隆中期以后，这个趋势更加明显。

相传裕陵是乾隆自点的穴地。这位古

稀天子，文武双全，精通天文地理。有一次私自带着几名贴身侍卫，秘密游览胜水峪，觉得此乃风水佳地，自怀中取出一支玉扳指，孔眼朝天埋到土里，然后返回行宫，第二天带同一班大臣及钦天监再到吉地，由钦天监之监正点穴。这位六十多岁的监正，经验老到，小心翼翼地用罗盘确定金井位置，将一根金簪插进地里。乾隆立即命令两位侍卫前去，把金簪的土慢慢搬开，露出了玉扳指，金簪正好插中玉扳指的孔眼，在场的人无不惊叹。于是于乾隆八年破土动工，修建裕陵。

裕陵建筑规制承袭了祖制，如自南向北设有圣德神功碑亭、五孔桥、石像生、牌楼门、

清东陵裕陵浮雕

清东陵裕陵古楼

隆恩殿、三路一孔桥、琉璃花门、二柱门、祭台五供、方城、明楼、宝城和地宫等，但是在具体的布局形式上又有新的创新。如在隆恩殿内首例设置佛楼，藏有各种稀世珍宝，以后帝陵纷纷效仿，成为定制。据有关档案记载：乾隆十七年，佛楼内大量藏宝，包括各种珠宝玉器在内的珍玩达到310件套。此后，在乾隆十八年、乾隆四十二年等年份不断有珍宝进奉。这些珍贵的陈设品，都是乾隆帝生前精心挑选，奉旨存放的。再有，裕陵所用石料考究精致，主体建筑的阶条石均为整块石料。裕陵的

裕陵方城前的石五供祭台

石料，大小件青白石在盘山大石窝取用，青砂石在马鞍山取用，豆渣石在鲇鱼关、盘山取用。裕陵所用石料为艾叶青，这种石料质地细腻、坚硬，不易风化，是豪华建筑的理想建材。经过实地考察，裕陵小碑楼、东西朝房、隆恩门、东西配殿、隆恩殿以及明楼处所用阶条石，全为整块石料，这在以前及以后陵寝中是不多见的。裕陵修建于清朝国势鼎盛时期，无论在建筑规模还是建筑艺术上都是最引人注目的。

1. 裕陵神功圣德碑

重檐九脊式建筑，黄琉璃瓦覆顶，厚重的墩台四面各辟券门。亭内有两通石碑分别立在两只巨大的龙跃石雕之上，均高6.64

裕陵石狮

米，一碑刻有满文，另一碑刻汉文，系嘉庆皇帝御制碑文，由乾隆第十一子、清代著名书法家永瑆书写，价值极高。此碑至今保存完整无损，字迹清晰。亭外广场四角上，各竖一根白色大理石雕刻的华表。每根华表由须弥座、柱身、云板、承露盘和蹲龙组成。柱身上雕刻着一条腾云驾雾的蛟龙，直上盘旋，奋力升腾，栩栩如生。八角须弥底座和栏杆上亦雕满了精美的行龙、升龙和正龙，一组华表上所雕的龙竟达九十八条之多。

2. 裕陵石像生

裕陵石像生有八对，其规模仅次于孝陵，但是种类却与孝陵一样。比其父亲的泰陵、祖父的景陵还多三对。清朝以武定天下，以孝治天下。基于这种思想，后世皇帝在建陵时，在规模、规制上都要较前朝递减，以示孝道。顺治孝陵为入关后第一陵，设置石像生十八对，其子康熙帝在建陵时，即将石像生锐减为五对。而乾隆的裕陵八对石像生分别是文臣、武士、马、麒麟、象、骆驼、狻猊、狮子各一对。石像生对石料的要求非常严格，裕陵石像生须弥座与雕像为一块石料。乾隆裕陵的石

像生基座高近半米，面阔进深不等，最矮的狮子高 1.55 米，最高的大象则高 3.53 米。这些大块石料从产地运到工地，要几经周折，颇费人力，再将其精雕成图案美观、玲珑的各种雕像，耗资巨大。

3. 裕陵玉带桥

在裕陵的隆恩殿与陵寝门之间的月牙河上，别出心裁地增置了三座玉带桥。无论是裕陵以前的孝陵、景陵、泰陵，还是裕陵以后的诸帝陵，都无此建置，在清陵中仅此一例。玉带桥东西并排三座，规制相同，只是中桥比两边略宽，每桥有一个桥孔，完全用青白石拱券而成，券脸上端有吸水兽，龙凤柱头栏杆，桥两端以靠山

裕妃园寝一孔桥

龙戗住望柱，雕工精美，造型典雅。玉带桥的修建，为陵墓沉闷肃穆的气氛增添了一丝灵气，它构思巧妙、细致到位的雕刻，给人一种耳目一新的感受。

4. 裕陵地宫

裕陵地宫是清陵开放的地宫中，艺术价值最高的一座，裕陵地宫中有经文、佛像等雕刻，每尊佛像都雕刻得栩栩如生，工精绝伦，图案复杂，内容繁多，居清陵之冠。耗工达三年多，为目前所知历代帝王陵寝中最华美的一座。

清东陵裕陵地宫

地宫由九券四门构成，进深54米，落空面积372平方米，由三间长方形的券堂——明堂、穿堂、金堂串连成"主"字形。九券分别为为墓道券、闪当券、罩门券、三个门洞券、明堂券、穿堂券和金券。从第一道石门开始，所有的平水墙、月光墙、券顶和门楼上都布满了佛教题材的雕刻，以佛教的人物、吉祥物、法器、文字为中心内容，以民间吉祥图案为陪衬附加，错加其间，形成一组雕刻有序、内容丰富的群组建筑。

在穿堂券两侧，对称雕刻着"五欲供图"。"五欲供"即明镜、琵琶、涂香、水果、天衣，为佛前的五种供物，莲花底座相托。通

裕陵地宫内景

过眼、耳、鼻、舌、身五种感官系统，分别觉察到色、声、香、味、触五种欲望。这些供物的含义是眼睛从明镜中可以看到颜色，耳朵可以听到琵琶弹奏的声音，鼻子可以闻到香料散发的香味，舌头可以品出水果的味道，天衣遮住身体会有所触觉。佛祖释迦牟尼在创立佛教时，告诫人们，人生下来就布满了苦难，苦难的来源就是人们对欲望的追求，只有从根本上消除欲望，才能没有烦恼，死后会升入天国，进入西方极乐世界。

最后的券叫金券，是存放帝、后棺椁的地方，也是整个陵寝最重要的部位。在12米宽的青白石宝床上，正中停放着乾隆皇帝的棺椁，两侧分别是孝贤、孝仪两位皇后以及慧贤、哲悯、淑嘉三位皇贵妃的

棺椁。金券的顶部刻有三朵硕大的莲花，二十四片花瓣围绕着梵文（古印度文）经咒，和佛像组成花心。佛花的四周簇拥着珊瑚、火珠等吉祥图案。东西墙平水之上雕刻有"五方佛""二十四佛"。明堂券和金券的东西两墙上部雕刻"八宝"，即法螺、法轮、宝伞、盘肠、白盖、金鱼、宝瓶、莲花。

地宫共有四道石门，每扇石门，都由一块高 3 米、宽 1.5 米、厚 19 厘米的汉白玉石雕刻而成，铜管扇管压，使之关闭自如。除第四道石门无门楼外，每座石门门楼都是仿木结构，用整块石料雕成，有瓦垅、脊吻、走兽（即狮子、天王、海马）。脊上月光石上雕有佛像、执壶、孔雀翎、海螺、法杵等吉祥物。石门两边的门对上雕刻梵文咒语和花瓶，门对下部是须弥座，上刻法轮等图案。而且每扇石门上都雕有一尊生动的菩萨立像，分别有大势至菩萨、文殊菩萨、地藏王菩萨、观世音菩萨、除盖障菩萨、虚空藏菩萨、普贤菩萨、慈氏菩萨。菩萨形体的大小与人差不多，个个眉清目秀，头顶莲花佛冠，高髻长发，双耳佩环，袒胸露臂，下身着以羊肠大裙，周身佩饰菊花垂珠，肩披随风飘舞的长巾，双足赤裸，脚下芙蓉怒放，水波涟漪，活灵活现。八尊菩萨各持不同的法器，显示各自不同的本领，保佑亡灵不被侵害。地宫的第一道门洞券里雕刻着四大天王的坐像。四天王

清东陵地宫

清东陵

也称四大金刚。四大天王为释迦牟尼的外将，他们各居须弥山的一方，保护着东西南北各自天下。手持青锋宝剑的是守护南方的增长天王，"锋"和"风"同音，增长的意思是令众生增长善根，持剑是保护佛法不受侵犯。手弹琵琶的是东方持国天王，琵琶没弦需要"调"音，他既是护法神也是佛国财神，护持众生，他是群龙首领，众龙顺从于他。西方广目天王，手上缠一龙，龙形谐意"顺"。北方多闻天王，右手持宝伞，伞具谐意"雨"。这四位威武凛然、造型精绝的天王各司其职，便组成了风调雨顺、五谷丰登的太平盛世。

除此之外，地宫还有其他精美的以佛教题材为主的佛雕，如三世佛、五方佛等佛像四十六尊。八宝三组、法器、佛花、佛塔两座，还有狮子、宝珠等其他纹饰以及三万多字的藏文、梵文经咒，雕法娴熟精湛，线条流畅细腻，造型生动传神，布局严谨有序，堪称"庄严肃穆的地下佛堂"和"石雕艺术宝库"，是研究佛学和雕刻艺术难得的实物资料。目前在中国已发掘开放的陵寝中，像这样的地宫只此一例。裕陵的这些特征既是乾隆皇帝好大喜功、笃信佛教的个人意志的体现，也是处于鼎盛时期的清王朝综合国力的反映。

裕陵地宫

清东陵

（四）定陵

所葬人物：咸丰皇帝

定陵是咸丰皇帝爱新觉罗·奕 的陵寝，位于乾隆裕陵以西的平安峪，右临涓涓细流的西大河，隔岸是巍巍高耸的黄花山。定陵是整个清东陵最西端的陵寝。据说咸丰曾亲临阅视，认为平安峪"左龙蜿蜒，右虎训俯，贴身蝉翼、牛角两砂隐约缠护；虾须、金鱼二水界划分明，灵光凝聚，穴法甚真，……洵属上上吉地"。定陵始建于咸丰九年（1859年）四月十三日，由于地形陡峭，所以从神路楼到石像生、神道碑亭、三孔桥直达隆恩门，里程短，布局紧，层层叠落在一条直线上，一目可观全貌，很富有节奏感，于同治五年（1866年）十二月完工，前后计有七年半的时间，花费三百多万两白银。

咸丰即位之时正是清王朝逐渐衰落的时期，国家内忧外患。表现在：国内方面，当时第一次鸦片战争已经结束，中国割地赔款，民不聊生，社会矛盾激化动荡不安。1851年洪秀全在广西桂平县金田村发动了太平天国农民起义，并实行了一系列制度，如定都南京，颁布《天朝田亩制度》等，取得了一定的成效。1856年，咸丰依靠汉族地主曾国藩、

清文宗（咸丰）奕詝像

清东陵定陵一角

左宗棠等人和外国侵略者的援助，镇压了太平天国运动。国外方面：第二次鸦片战争爆发，中国被迫签订了一些丧权辱国的条约，使中国进一步沦为半殖民地半封建社会。1860 年，英法联军由天津登陆，咸丰携带宫眷逃往热河避暑山庄，于次年病逝。

虽然定陵始建于咸丰九年，但大规模营建还是在咸丰帝崩逝之后，兴工不久，在定陵的规制上曾引发了一场争论。最后，"慕陵规制万古可发，定陵工程可否仿照办理"的方式基本上继承了祖陵规制，但是也采纳了部分建制慕陵的意见，如：撤消了大牌楼、二柱门，地宫不再雕刻经文、佛像等。

或许是由于地理位置上位于最西边的原因，亦或是现在的我们对于那段屈辱的历史仍然铭记于心，也可能是当时内忧外患的形式，总之，咸丰给后人的整体印象是平庸无为，在清东陵的五个皇帝陵寝中，咸丰的定陵似乎已被人们淡忘，关注得不多。而备受世人瞩目的是他的妻子——慈禧，一个清朝末期被权力欲望所熏染的，垂帘听政控制清朝四十余年的女人。关于

清东陵定东陵

她一生的正史、野史、演义各种版本都被后人所议论。

清朝埋葬皇后有一条规矩，皇后先于皇帝而崩，可以葬入皇帝的地宫，但石门不闭，等着皇帝死后入葬完毕封闭。皇帝先于皇后而崩，皇帝葬入地宫后立即关门，皇后死后再另建陵寝。早在同治五年（1866年），32岁的慈禧就命臣僚、术士赴清东陵陵区为自己和慈安选择陵址。在初选的过程中，有的因水位不良，有的因山势不佳，有的因隔河修御路困难，均未选中。直到同治十二年，同治奉慈禧的旨意，率领臣僚、术士为东、西两宫太后在东陵界内选择的万年吉地做最后勘定。经过几日的勘察，相定一处穴基，认为此地确是"地势雄秀，山川环抱，实乃万古上吉之地"。同治返京后，遂呈陵址蓝图请两宫太后阅示，慈安、慈禧两太后甚是满意，决定选此地为二人万年吉地，并列而建。位置上因慈安为大，陵墓在西，离咸丰的定陵更近；慈禧陵墓在东，离咸丰的定陵稍远。

（五）惠陵

所葬人物：同治帝

清穆宗同治皇帝爱新觉罗载淳，是爱新觉罗奕訢唯一的一个儿子。咸丰十一年（1861年）即位，年号同治。载淳登基时年仅6岁，因其年幼，咸丰帝临终前命赞襄政务王八大臣辅政，同时又赐"同道堂"印予载淳，"御赏"印予皇后钮祜禄

清宣宗道光像

清东陵

清东陵裕陵一景

氏，命用两印代替朱笔签发谕旨，以与八大臣互为牵制。但实际上载淳登基后不久，慈禧与慈安两太后便携载淳在养心殿正式垂帘听政。从此，载淳开始了他的傀儡皇帝生活。

在清朝"攘外必先安内"的政策下，同治在位期间先后镇压了太平天国起义、捻军起义等，而当时国际环境是第二次鸦片战争已经结束，清朝割地赔款，在外交上奉行姑息政策，国内外局势趋于平和，经济各方面都有初步的恢复，因此不少人把这段时期称为"同治中兴"。他在位期间还下令修建了圆明园，耗费了巨大的人力、物力。同治帝

正在修复的惠陵牌坊

亲政未及两年，就因病结束了短暂的一生，对于同治皇帝的病情和死因，传说很多。清代皇帝"脉案档簿"中《万岁爷进药底簿》，详细记录了同治生病期间三十六天的脉案、病情和用药情况，它证明了载淳最后死于天花。

同治帝的惠陵从选址到承建，都是由慈禧一人说了算。他的陵墓位于清东陵的东南方向，双山峪的南麓，坐北朝南，规模较小。建于光绪元年八月，历时三年，耗银435万两。惠陵建筑规制依照定陵，除未建圣德神功碑亭和二柱门外，又裁了石像生和接主神道的神路。陵寝外围环以砂山。除东西值班房为布瓦盖顶外，其他建筑屋顶均覆以黄琉璃瓦。惠陵所用木料均为楠梃木，木质坚硬，俗有"铜梁铁柱"之称，因而大木构架至今保存完整。

但是同治帝的惠陵没有石像生，神路也很短，并且没有与孝陵的主神路相连。在清东陵的规制中，所有帝陵的神路均与孝陵的主神路相连，各皇后陵的神路与各自的帝陵神路相连，而只有同治帝陵神路断路，这至今是个谜。

三、后妃陵寝

（一）陵外之陵——昭西陵

昭西陵外景

　　昭西陵是被誉为"清朝兴国太后"的孝庄文太后的陵寝，清东陵所有的帝后陵墓都在风水墙内，唯独孝庄文皇后的陵墓建在了墙外距离陵园总门户大红门东侧不远的地方，孤零零的，十分显眼。但它陵墓建制完备，规模相当，自成一体，并拥有两层围墙。孝庄文皇后是清世祖顺治帝的生母，内蒙古科尔沁部人，姓博尔济吉特氏，名本布泰，小名"大玉儿"。她是一位在历史上备受争议的传奇女性，一生饱经沧桑，波澜壮阔，经历太宗、世祖、圣祖三朝，辅佐两代幼主，是一位非凡的蒙古族女性。她 13 岁进宫，62 年间辅佐清太宗、清世祖、清圣祖三朝皇帝主政，为清初国家的统一和政权的巩固出了不可磨灭的贡献。康熙这样评价他的祖母："设无祖母太皇太后，断不能敦有今日成立。"她死于康熙二十六年，依制理应运送至沈阳北陵，在皇太极的昭陵旁就近建陵入葬，至于为何她的陵寝安葬在清东陵墙外，野史、正史、演义、传说，众说纷纭。⊠

　　正史说：她生前曾说太宗奉安已久且心恋顺治康熙父子俩，不忍远去关外，定

要在孝陵附近安葬。康熙为感念祖母恩德，特下旨将紫禁城内刚建成的慈宁宫东边的五间大殿拆运至清东陵，为祖母停灵建了"暂安奉殿"。雍正二年，暂安奉殿正式建成陵园，定名为昭西陵。顾名思义是昭陵之西的陵墓，昭陵是皇太极之陵，只是离沈阳有些远罢了。

石刻的圆鼎、香炉和花瓶等石五供排列在她的坟冢之前，在进入宝顶（下为地宫）的丹陛上雕刻着龙凤图样，繁复的汉族图案包裹陪伴着一个蒙古女人的遗体，数百年前东亚大陆的动荡不安与满蒙民族企图控制、整合整个大陆的努力赫然在目。陵寝外围的墙头上，墙也早已残破，从侧面露出一块块

昭西陵一景

的石料和黏土，和长在上方的茅草倒是颇
为搭调，都陷入了荒野自然的氛围中。墙
的颜色也已经斑驳，从原先可以想象的耀
眼朱红变做了一种介于红色与褐色之间的
色调，一种更为沉着温暖的陈旧颜色。由
于地势原因，昭西陵未建马沟槽和桥梁涵
洞，而且现今绝大部分都已毁，从基址上
看，最南端是下马碑，神道碑亭，仅存残碑，
这都是超越皇后陵等级的建筑。碑亭东侧
为神厨库，仅存围墙。东西朝房各五间。
隆恩门面阔五间，单檐歇山顶，黄琉璃瓦。
隆恩门内为一道围墙，开三座琉璃门与内
院相通，有燎炉两座。内院东西配殿各五间，

只存柱础，隆恩殿为重檐庑殿顶，月台上铜炉、鹤、鹿各一对。殿内暖阁三间。大殿东西两侧有卡子墙，各开一道小门与后院相通。石五供比较低矮，方城下月台前比较陡峭，20世纪60年代明楼被修缮，内立碑一通，满、蒙、汉三文曰"孝庄文皇后之陵"。宝顶为圆形。昭西陵四周地势平坦开阔，没有其他帝后的后帐和东西砂山环绕，显得有些空旷和孤寂。

（二）清东陵第一座皇后陵——孝惠章皇后陵

这是清朝入关以后所营建的第一座皇后陵，孝惠章皇后逝世于康熙五十六年。顺治

昭西陵一景

在世时，由于倾情于董鄂妃，与孝惠章皇后的关系并不融洽。康熙即位，对这位母后却是极尽孝道。据传康熙皇帝以雷霆之怒在"谥号"上为孝惠章皇后争得了正统地位。但是孝惠章皇后死了以后，当时的丧葬制度已经发生了变化，那时已经实行土葬而非以前的火葬，所以她也没法再葬到孝陵里了，只能单独给她修建陵寝。因为孝东陵是第一个皇后陵，所以它给后来的一些皇后陵的营建和妃园寝的营建建立了一个模本，也确立了一种规制。

皇后陵以黄色琉璃瓦覆顶，采用前朝后寝的建筑规制。神路区仅设一路三孔桥，宫殿区不设二柱门，其余则与皇帝陵相同。但由于当时制度尚不完备，在该陵内又埋葬了二十八位顺治帝的妃嫔，因此形成了皇后陵兼妃园寝的独特局面。陵园的隆恩门外，建有东西朝房，配有隆恩殿、东西配殿，由方城、明楼、宝顶和石五供等为主要建筑的后寝等。慈安皇太后和慈禧皇太后的定东陵是清王朝营建的最后两座皇后陵，其规制基本参照了孝东陵。

（三）规制最高的皇后陵——慈禧陵

慈禧太后（1835—1908），姓叶赫那拉氏，镶蓝旗满族人，生于京城劈柴胡同。咸丰二年选入宫中，她精娴文艺，歌声委婉动

定东陵中慈安陵

人。生子载淳，次年晋贵妃。咸丰帝病死于热河避暑山庄的烟波致爽殿，临终前立大阿哥载淳为皇太子，27岁的那拉氏懿贵妃，"母以子贵"而被尊为圣母皇太后，上徽号"慈禧"，称慈禧太后。又因其居住烟波致爽殿西所，故又俗称西太后。慈禧太后与恭亲王奕 发动政变，处死、革职八大臣后，垂帘听政，历同治、光绪两朝。她镇压太平天国及捻军起义，她批准兴办近代军事及洋务事业。光绪支持戊戌变法，但遭慈禧封杀。她幽禁光绪帝，捕杀维新人士。她利用义和团运动对外宣战，八国联军入侵后她逃往西安，下令剿杀义和团。她派李鸿章等签订《辛丑条约》后挟光绪返京。光绪三十四年病死，

慈禧陵墓

后妃陵寝

慈禧陵墓外景

葬清东陵，谥号"孝钦显皇后"。慈禧，一个中级旗籍官员的女儿，却因为选秀的偶然机遇，进入紫禁城，并且一步一步走上了权利之巅，在清朝末年的历史上留下了着力的一笔，在近半个世纪里，慈禧太后以一个妻子、一个母亲和一个女人的身份管理着这个古老的帝国。

慈禧、慈安两座皇后陵于1873年同时开工兴建，1879年同时完工，用时六年，耗银各超过二百万两。两座陵寝在清代皇后陵中均属上乘，但慈禧还不满足。慈安

中年慈禧像

驾崩后，慈禧独揽大权。光绪二十一年（1895年），光绪帝接到奏折，反映慈禧陵有渗漏、腐朽、爆裂等现象，要求派人查勘、修复。光绪不敢怠慢，派人到东陵查验，并制定方案和修复预算。此时的慈禧已经掌握了朝政，大权在握，得知自己的陵寝需要维修，十分关注，并亲点自己的心腹庆亲王奕劻和兵部尚书荣禄为承修大臣，负责此事。光绪三十四年十月重修工程完成，十八日验收完毕，四天后慈禧归天。重修工程历时十三年，是初建时的二倍，耗银无数。

1. 三绝

重修后的慈禧陵三殿是清代皇陵中最为

豪华的，以木绝、金绝和石绝"三绝"著称于世。

木绝：三殿的梁架全部采用名贵的黄花梨木制成。黄花梨木学名降香黄檀木，又称海南黄檀木、海南黄花梨木，主要产于中国海南岛吊罗山尖峰岭低海拔的平原和丘陵地区，多生长在吊罗山海拔100米左右阳光充足的地方。其木材的名贵程度仅次于紫檀木，这种材料颜色不静不喧，恰到好处，纹理或隐或现，生动多变。花梨木颜色从浅黄到紫赤，木质坚实，花纹精美，呈八字形，锯解时芳香四溢。中国海南产的花梨木最佳，其显著特点是花纹面上有鬼脸即树结子为最佳，花粗色淡者为低。另一特点是其心材和边材差异很大，

慈禧陵寝殿装饰富丽堂皇

清东陵

明清时考究的木器都是用黄花
梨木制造的

其心材红褐至深红褐或紫红褐色，深浅不匀，常带有黑褐色条纹，其边材呈灰黄褐或浅黄褐色。明清时考究的木器家具都选黄花梨制造，被视作上乘佳品，备受明清匠人宠爱，特别是明清盛世的文人、士大夫之族对家具的审美情趣，更使得这一时期的黄花梨家具卓而不群。无论从艺术审美，还是人工学的角度来看都无可挑剔，可称为世界家具艺术中的珍品。

金绝：慈禧陵隆恩殿四周的汉白玉石栏杆、栏板和望柱上，都雕刻着精美的龙凤呈祥、水浪浮云等图案。殿前的龙凤彩石，不仅用透雕的高超工艺，而且凤戏龙的图案更

后妃陵寝

龙椅

为别致。殿内处处布满雕刻的贴金砖，四角的盘环，中间是五福捧寿万字不到头的雕砖花纹，全是突雕，有强烈的空间感。明柱上有浮雕的金龙盘绕周围。斗拱、梁枋和天花板全部贴金彩绘，使大殿显得金碧辉煌，光彩夺目。隆恩殿和东西配殿内金龙和玺彩画，在原木上直接沥粉贴金。三殿内外彩画共有2400条金龙，分为行龙、卧龙、降龙，千姿百态、光彩夺目。我们知道，代表皇权最高威严的紫禁城金銮殿（太和殿）内只有六根贴金明柱，而慈禧陵三大殿六十四根柱上都缠绕一条半立体

铜镏金的盘龙。龙首向下，龙尾向上，在龙须上设弹簧，随着空气流动，龙须自行摆动，美妙无比。三殿墙壁也不同于其他后陵，内壁雕刻成"五福捧寿""四角盘肠""万字不到头"图案，全部筛扫红、黄金（所谓扫金，就是把金粉和上胶水用毛笔画上去，凹的地方扫的是黄金粉，凸的地方扫的是赤金粉，赤、黄两金交相辉映，艺术效果更加强烈）。整座殿堂金碧辉煌，其精美、豪华令人瞠目，据载，仅三殿用叶子金就超过4500两，使之显得更加金碧辉煌，金饰的豪华堪称一绝。

石绝：殿前龙凤丹陛石上的雕刻更是石

清东陵定东陵凤上龙下石刻

雕中的珍品。丹陛石又称陛阶石或龙凤彩石。传统的丹陛石是左龙右凤，龙头在上、凤头朝下，龙凤呈祥的格局，而慈禧隆恩殿前的丹陛石却一反常例，将代表皇后的凤凰雕刻在了代表皇帝的龙的上面，形成了凤压龙的格局。加之高浮雕与透雕所创造的栩栩如生的立体感和凤舞龙飞气势，在龙嘴、龙尾、龙须、凤嘴、凤冠等部位有十处透雕，立体感极强，形象更为逼真，将至高无上皇权的性别强调指向极致。

隆恩殿汉白玉石栏的所有栏板上，都用浮雕技法刻成前飞的凤与后追的龙的图

龙凤图石刻

清东陵定东陵石刻

清东陵地宫

案。七十六根望柱的柱头全部雕刻着翔凤，凤的下面，便是雕在柱身里、外侧的两条龙。这种出自皇室的独一无二的"一凤压两龙"的造型，与石栏板上龙追凤的图案彼此呼应，一起强化并张扬着皇权的性别寓意。据说凤代表慈禧太后，两条龙一条代表她的儿子同治皇帝，另一条代表她的外甥光绪皇帝。整体构思寓意着慈禧曾两度垂帘听政，挟制同治、光绪两朝皇帝，统治中国达 48 年之久的历史。

2. 地宫

慈禧地宫由五券二门组成，在金券内停放一具金椁，为金丝楠木所制，外髹四十九道漆，最外层罩金漆，还书写了四大天王的经咒。金椁内尚有一具红漆填金内棺，棺盖上刻有九尊团佛及凤戏牡丹、海水江崖。棺外满布金藏文经咒。

慈禧死于光绪三十四年（1908 年）十月二十三日。按内务府簿册所载，除数不胜数的珠宝玉器外，在棺中还随葬了大量稀世珍宝。据清宫档案《大行太皇太后升遐纪事档》记载，慈禧生前先后向金井中放了六批珍宝。而下葬时随葬的珍宝究竟有多少？她的心腹太监李莲英亲自参加了慈禧棺中葬宝的仪式。据他和侄子所著的《爱月轩笔记》记载：慈禧尸体入棺前，先在棺底铺三层金丝串珠锦褥和一层珍珠，共厚一尺。头部上首为翠荷叶，脚下置粉红碧玺莲花。头戴珍珠凤冠，冠上最大一颗珍珠大如鸡卵，价值一千万两白银。身旁放金、宝石、玉、翠雕佛爷二十七尊。脚下两边各放翡翠西瓜、甜瓜、白菜，还有宝石制成的桃、李、杏、枣二百多枚。身左放玉石莲花，身右放玉雕珊瑚树。另外，玉石骏马八尊，玉石十八罗汉，共计七百多件。安葬完毕，又倒入四升珍珠，宝石二千二百块填棺。而按内务府簿册载，殓入棺中的珠宝玉器无论在数量还是种类上

双妃园寝外景

后妃陵寝

都极为惊人，几乎是一个"珠宝玉器大全"。

慈禧死后二十年，即 1928 年 7 月 4 日至 10 日。军阀孙殿英盗掘了乾隆帝的裕陵和慈禧陵，毁棺抛尸，掠走了全部随葬珍宝。

（四）双妃园寝

在景陵东边是清朝妃园寝中入葬人数最多的景陵妃园寝，里面共葬了康熙皇帝的四十八位妃嫔和一个阿哥。景陵没有皇后陵，但是在景陵妃园寝的东边，还有一个妃园寝，两座绿色琉璃瓦明楼并肩而立，规制显然超出了前者，除琉璃瓦采用绿色，其余规制几乎与皇后陵等同。园寝的宫门、大殿、明楼、墙帽等均为绿琉璃瓦盖顶，宫门外诸建筑的屋顶均为灰布瓦。享殿前

景陵双妃园寝

清东陵

双妃园寝

设有陛阶石，石上雕刻着"丹凤朝阳"图案，丹凤独立山石，口衔灵芝，仰望旭日；漫天祥云缭绕，海水抃崖，气势宏伟。一般的妃园寝宝顶建于月台之上，不设明楼，不建东西配殿，享殿前不设陛阶石。这座妃园寝布局独特，建筑华美，堪称清朝诸妃园寝之冠。它也是附属于景陵的妃园寝，那么为何在景陵中会出现两个妃园寝呢？

在《清高宗实录》中，乾隆皇帝的一道上谕揭开了这个谜。乾隆二年五月二十日发

景陵双妃园寝丹陛石

出的一道上谕中写道："朕自幼龄仰蒙皇祖慈爱，抚育宫中。又命太妃皇贵妃、太妃贵妃提携看视。两太妃仰体皇祖圣心，恩勤备极周至，朕心感念不忘，意欲为两太妃千秋之后另建园寝。"这座另立于景陵妃园寝之外的"双妃园寝"，是乾隆皇帝为报答两位奶奶的抚育之恩而建的。

（五）扑朔迷离的香妃

香妃的名字广泛流传是在民国之后。1914年，故宫古物陈列所从沈阳故宫和承德避暑山庄调来一批文物展览，其中有一幅年轻女子的戎装像。据传该画背面有说明文字指出："香妃者，回部王妃也。美姿色，生而体有异香，不假熏沐，国人号之曰香妃。"

香妃的故事历来非常动听。传说她"玉容未近，芳香袭来，既不是花香也不是粉香，别有一种奇芳异馥，沁人心脾"。她是新疆回部酋长霍集占的王妃，回部叛乱，霍集占被清廷诛杀，将军兆惠将香妃生擒送与乾隆。尽管乾隆对她百般讨好，为她兴建宝月楼，重建她的家乡风景，以解她思乡之苦，但香妃仍然抵死不从，还一度想刺杀乾隆，为族人报仇，最终被清朝的皇太后绞杀。死后，将其运回家乡安葬，故新疆喀什有香妃墓。

据有关专家考证，真正的香妃其实是乾隆四十一位后妃中唯一一位来自维吾尔族的女子，宫中赐号曰"容妃"。容妃（1734—1788），原名伊帕尔汗，比乾隆帝小二十三岁。乾隆二十二年（1757年），回部大、小和卓发动叛乱，清朝派兵入回疆平叛，伊帕尔汗的五叔额色尹、哥哥图尔都配合清军作战，立了战功。乾隆二十四年（1759年）平叛之后，乾隆封额色尹为辅国公，封图尔都为一等台吉（仅次于辅国公的爵号）。次年，图尔都送妹妹伊帕尔汗氏入宫，以示联婚友好。容妃在宫中深受乾隆帝的宠爱，乾隆多次出

景陵双妃园寝丹陛石

清东陵石桥

巡，都邀她同行，在宴席上居西桌之首位，后来升至东桌二位，这是仅次于皇后的席位。1766 年，皇后乌喇那拉氏死后，乾隆帝不再另立皇后。她在宫中的地位更高了，位在令懿皇贵妃（嘉庆帝生母）和其他几位高级妃子之下。乾隆还建了宝月楼，让容妃居住。容妃葬于清东陵的裕陵妃园寝内。她就是传说中香妃的原型。

四、清东陵文化特色

清东陵风光

　　清东陵所葬的帝王皇储、皇后宫妃中有很多对清朝历史有着举足轻重的作用，比如说：第一个入主中原并在紫禁城称帝的满人顺治皇帝；皇太极的爱妃、少年天子顺治帝的生母、康熙大帝玄烨的祖母、与清初三位皇帝都有着极为密切关系的孝庄文皇后；年仅八岁即位，却是历史上在位时间最长并开创了"康乾盛世"的圣祖康熙大帝；把"康乾盛世"推向高峰，充满传奇色彩的高宗乾隆皇帝；两度垂帘听政，统治中国达四十八年之久的慈禧太后……这些人，都曾在清朝历史上扮演过重要角色，主宰国家命运，见证着朝廷的每一次变革风云，在国内外都具有极高的知名度。从此种意义上来说，清东陵陵寝所折射出来的历史价值是无法估量的，太多的历史已尘封在古老的建筑之中。那恢弘肃穆的建筑、精美绝伦的雕刻以及人物传说故事渗透着浓重的历史沧桑，让一代又一代人流连忘返。

（一）中国皇家陵园的代表作

　　清东陵是中国陵墓营建活动高峰期的代表作。

　　首先，从环境方面看，清东陵融合了山川、河流、树木、植被等众多天然因素，松

清东陵定东陵

柏成荫，郁郁葱葱，环境幽深而别致。

其次，从山川地形来看，清东陵地势向阳，沿燕山余脉而建，北以昌瑞山为后靠，南以金星山为照山，西侧以黄花山为右弼，东侧以鹰飞倒仰山为左辅，又有河流恰似玉带左环右绕，浑然天成。

第三，从陵寝格局来看，清东陵陵墓从规划建制到建筑造型均仿照明朝，采用集中陵区的手法，15座陵寝是按照"居中为尊""长幼有序""尊卑有别"的传统观念设计排列的，以孝陵为中心，其余皇帝按辈分的高低分别在孝陵的两侧呈扇形，东西排列。突出了古代"长者为尊"的伦

清东陵定东陵

清东陵一景

清东陵文化特色

石刻龙凤图

理孝道观念。而皇后陵和妃园寝都是建在本朝皇帝陵的旁边，又显示了古代男尊女卑、以夫为天的观念。此外，在神道的设计上，凡皇后陵的神道都与本朝皇帝陵的神道相接，而各皇帝陵的神道又都与处在陵区中心轴线上的孝陵神道相接，形成一个庞大的分支体系，直接表达了清朝统治者生生不息、国运绵长、江山万代的愿望。

在入口的安排上，从正红门开端，经统一的神道石像生、碑亭及华表，然后分达各陵区。其布局顺序为：五孔石券桥、牌楼、碑亭、三孔券桥、大月台、宫门、隆恩殿及左右配殿，而后为石平桥、月台、琉璃门、五供、方城（上立明楼）、月牙城、宝城、宝顶。皇帝、皇后、亲王、公主、嫔妃的陵制级别相当严格，形成了一套程式化的规则。

最后，清东陵各座陵寝的序列组织都严格地遵照"陵制与山水相称"的原则，既"遵照典礼之规制"，又"配合山川之胜势"。在这方面，世祖顺治皇帝的孝陵足可称为成功之范例。

（二）清东陵的文化价值

清东陵作为中国现存规模最为宏大、体系最为完整、保存最为完好的帝王陵墓建筑群，自 1663 年开始营建，历时二百四十七年才结束。最早的建筑物距今已三百余年，最晚的建筑物距今也近百年，不仅正面反映了从清初到清末陵寝规制演变的全部过程，给我们提供了珍贵的实物资料，同时也从一个侧面记录了清王朝由盛转衰直至消亡的历史，具有不可磨灭的价值。

中华民族历来就具有"敬祀祖先，慎终追远"的传统美德，十分重视对死者的安葬和祭祀，这不仅是为了缅怀和纪念，也借此祈求祖先对后世的荫护。中国历代封建王朝提倡"厚葬以明孝"，每临皇帝死去，不惜用大量的财力、人力为其建造巨大的陵墓。这些陵墓是中国封建时代对灵魂信仰的集中体现，凝聚着一个时期的政治思想、道德观念和审美趣味。同时，这种动用国家力量建造的陵墓，也反映了当时的经济状况、科学技术水平和营造工艺水平，是中国丧葬艺术的最高表现形式和建筑典范。 作为清代皇家陵园之一的清东陵正是这一传统文化承接的载体，并且继续得以发扬光大。清东陵的经营跨越了近两个半世纪的时空，几乎贯穿清王朝兴衰始末，葬有许多清代历史上声名显赫、颇有影响的人物，蕴涵着丰富的历史

易县清西陵

清东陵文化特色

清东陵外墙建筑

信息，不仅是研究清代陵寝规制、丧葬制度、祭祀礼仪、建筑技术与工艺的不可多得的实物资料，而且也是研究清代政治、经济、军事、文化、科学、艺术的典型例证。清东陵具有重要的历史价值、艺术价值和科学价值，是中华民族和全人类的文化遗产。

清东陵作为中国最后一个封建王朝的陵地，在各陵寝的建筑做工、用材、装饰及建筑物的配置等方面，皆反映了清代的经济由盛到衰的历史；从陵制的更易上可觅出宫廷政治斗争的蛛丝马迹；大量艺术作品的题材深刻反映了清代文化风貌。清东陵荟萃了前朝建筑艺术的精华，达到了

清东陵石雕

清东陵定东陵

清东陵浮雕艺术

清东陵建筑木门

中国古代建筑艺术的顶峰，已于 2000
年 11 月 30 日，在澳大利亚凯恩斯举行
的第 24 届世界遗产委员会缔约国大会
上，被成员国全票通过列为世界文化遗
产。

清东陵

五、清东陵被盗之谜

清朝时期人物

　　清东陵因其葬有孝庄、康熙、乾隆等清朝历史上赫赫有名的君主帝后而闻名于世，更因为独特的建筑结构和特有的文化内涵而被后人所瞻仰，但是以上种种皆抵不上1928年7月发生的清东陵盗墓大案让人震撼。孙殿英，一个国民党杂牌军的小头目，敢冒天下之大不韪带领他的部队，对清东陵进行了七天七夜无休止的掠夺和破坏，一时之间举世震惊。

（一）孙殿英简介

　　孙殿英，乳名金贵，字魁元。河南永城县孙家庄人，一般人都叫他孙老殿，年幼时因出过天花而得外号"孙大麻子"。其父亲与旗人斗殴，将人打死后入狱，后来死于狱中。其母亲对他非常溺爱，使其从小养成了无法无天，好斗的性格。他十几岁时开始跟着当地流氓地痞鬼混，经常出入赌馆，很快成为一个闻名的赌棍。后来又从事鸦片贩运，并加入河南西部的民间组织庙会道，凭着过人的机灵逐渐混到庙会道的头目。因肯下血本各方打点，他贩运鸦片、制造毒品远销上海，获利极丰。1922年，他拉着一批道徒投入河南陆军第一混成团团长兼豫西镇守使丁香玲部，从副官升任机关枪连连长。挂名当了军官之后，他占山为王，搜罗教匪，扩充队伍，自称旅长。1924年第二次直奉战争时，驻豫西直军开赴前线，他利用这个机会，进一步招兵买马，队伍扩大至数千人。在1925—1928年间孙殿英先后投奔憨玉琨、叶荃等人，并于1925年投靠同样土匪出身的张宗昌，并颇受其赏识。在1926年春，张宗昌与李景林合向国民军反攻，孙殿英率部袭击了国民军第三军所属徐永昌部，为张立下了显赫战功，张宗昌即将孙殿英部改编为直鲁联军第三十五师，后又扩大编制，以孙殿英为军长。当直鲁联军在北伐军打击下

民国时期军阀像

节节败退之际，善于见风使舵的孙殿英又投靠时任国民革命军第六军团总指挥的徐源泉，接受蒋介石改编，任第十二军军长，有了冠冕堂皇的称号。

　　1928 年正是军阀混战、民不聊生的荒乱年月，此时孙殿英率部驻扎蓟县马伸桥，这里与清东陵只有一山之隔。由于粮饷被克扣，军心不稳，有着哗变的危险，形势严峻。正在孙殿英苦思解决办法之际，忽听东陵方向传来枪响，派人前去侦察。一会儿，探子来报，说离这儿不远的马兰峪有土匪火拼，原因是争抢所盗东陵之宝。此时愁眉苦脸的孙殿英忽然萌发了盗墓的念头，随即回到指挥部便召集人员密谋盗

清东陵内骑自行车的清朝人物

清东陵

清东陵地宫

陵之事。

（二）夜盗皇陵

1928年7月初，当时有个惯匪马福田，探知东陵地区无人看守，就伙同其他匪徒窜到东陵盗宝。孙殿英闻讯，抓住这个时机，调动一团兵力，开到马兰峪，以军事演习为名封锁了马兰峪东陵。并在马兰峪各街道路口的墙壁上贴出了第十二军的布告，告示从即日起在东陵进行军事演习，严禁黎民百姓入内，并限令演习区域的居民必须从速迁出，否则发生意外概不负责。老百姓看了布告，谁敢不搬，连那些守护陵寝的旗丁，也一个不剩地出了陵区。孙殿英唯恐泄露机密，又

定东陵慈安陵

在陵园四周设置警戒,不许任何外人入内,并散出谣言,说陵园四周布有地雷。这样一来,更没有人敢靠近陵区一步了。

首先被挖掘的是慈禧普陀峪定东陵,最为主要的原因是慈禧陵墓以奢侈豪华而著称于世,此外慈禧安葬的时间很近,很多线索尚且有迹可循。

从7月4日开始,工兵营在陵寝各处寻找入口,但是连续挖了两天两夜也没有找到。孙殿英急了,派人把当地地保找来。当地保听说是要为盗皇陵当"参谋",顿时吓得脸色蜡黄,两腿直打颤,但又惹不起这个军长,只好以陵寝面积太大为由,

墙壁上的龙刻

清东陵宫墙

清东陵被盗之谜

易县清西陵石俑

清东陵定东陵建筑一角

推说具体位置不太好找，提议问问附近的老旗人。孙殿英立即派手下找来了五六个老旗人，继续询问。但是这些老人也不知道地宫的入口，于是孙殿英逐渐失去了耐心并对他们用刑，用鞭子抽，烙铁烙。由于这些老人年事已高，根本经不起折腾，不消片刻就死去两个。有一个实在受不了，说出了离此地十多公里住着一位姜石匠，他曾参加修筑陵墓，兴许还能记得进地宫的位置。

在当时，统治者为了不让外人知道地宫入口，修筑皇陵的最后一道工序隧道的工匠，往往都被处死。那么姜石匠又是如何活下来的呢？这里面有一段奇事。原来是一个偶然的机会救了他的命。当时慈禧入葬时，在工匠中挑出八十一人最后封闭墓道，并告诉石匠们可以从另一事先挖好的隧洞出去。工匠们心里明白得很，这只不过是历朝沿袭下来的骗局，既然被留下了，就别想活着出去。这个姜石匠当时四十多岁了，几天前听乡里人带信，说他老婆给他生了个儿子，可把他乐坏了，可是想到眼前的状况，现在被留在皇陵可能连儿子一眼都看不到了，心里不是个滋味。

清东陵

慈禧陵墓

他在搬动石头时走神，脚下一滑，一块大石头砸在身上，当场就昏过去了。当时正忙碌中的监工以为他死了，怕玷污了金券（即寝宫），便叫人拖出去扔到荒山坡。姜石匠醒来时发现自己不在陵墓工地，又惊又喜地拼命跑回家，这样才侥幸捡了一条命。

深更半夜，姜石匠突然被几个军人请到东陵来，他迷迷糊糊不知发生了什么事。但是当孙殿英对姜石匠威逼利诱，让他指出慈禧寝宫的墓道入口然后就送他回家并许之以金条、元宝时，姜石匠顿时清醒，吓得小腿肚子直抽筋，跌坐在椅子上。他想，我怎么能做出出卖祖宗的事呢？于是一言不发。孙殿英被惹火了，吩咐手下搬来刑具准备用刑，转而一想，如果姜

慈禧像

石匠经不住用刑，死了，我上哪儿去找墓道入口？于是又没有上刑。孙殿英把桌子一拍："不说？把你儿子抓来，老子非扒了他的皮不可！"这一招真灵，还没等孙手下的人出门，姜石匠就扑通一声跪了下来。在石匠的带引下，墓道口找到了，但是道口被多层花岗石堵得严严的，而且这些石头都用糯米石灰浆粘固，没有任何缝隙，工兵用了很多办法都无法打开石障。孙殿英一看急了，干脆叫部下运来炸药，牵上导火索。只听"轰、轰"几声震耳欲聋的巨响，慈禧陵墓的墓道被炸开一个大窟窿。孙殿英带领手下进入地宫，开始了无休止的抢夺，将地宫宝贝洗劫一空。随后，孙殿英又以同样方式炸开了乾隆的峪陵，直到 7 月 11 日，经过七天七夜的疯狂盗掘，孙殿英部满载离去。

（三）珍宝去向

东陵珍宝至今流落何处？民间传说，孙殿英将盗掘得来的部分东陵宝藏贿赂给了上司徐源泉，徐源泉便将宝藏埋在了自家公馆的地下秘室中。但是经多方面考察，并未发现传说中的藏宝地道。如果东陵的宝物没有藏在徐公馆，那么这批东西又会

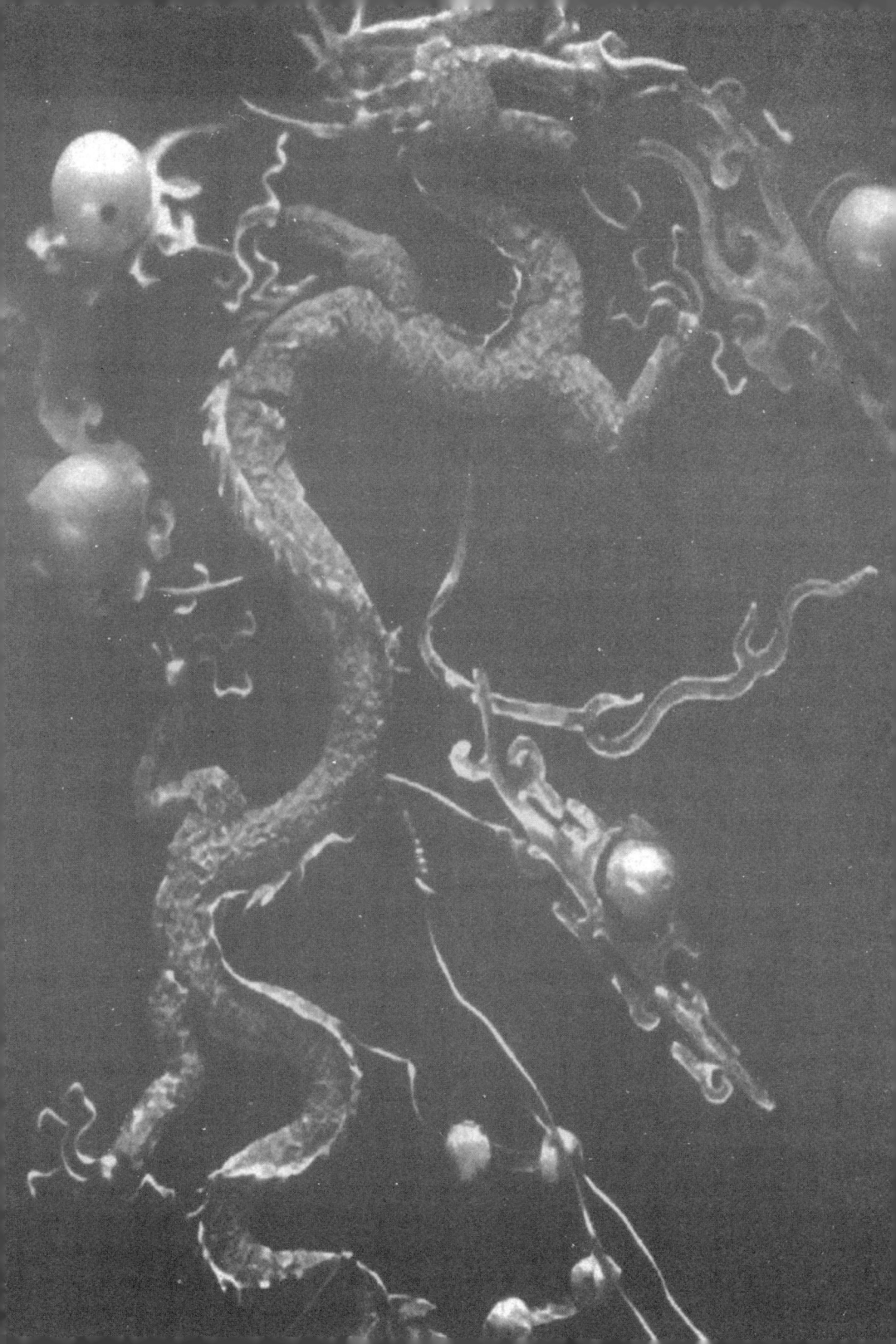

清东陵墓地

在哪里呢，会不会在孙殿英自己的手里呢？大量事实证明，尽管上交了两箱珠宝，摆出一种公事公办毫无徇私的姿态，许多事实却证明，孙殿英手中仍有大量的珠宝赃物，但是已经无法得知其流向。那些被盗的珍宝或被用来行贿，或被变卖，或被毁坏，或被走私海外，至今均下落不明，但经人们的口耳相传，它们都被笼上了神秘的色彩。有人估计，1928年东陵被盗走的稀世珍宝价值过亿。